Thomas Plaßmann

**Cartoons
von oben**

camino.

Thomas Plaßmann

Geboren 1960, Studium der Geschichte und Germanistik, Ausbildung zum Tischler; verheiratet, drei Kinder; lebt in Essen.

Seit 1987 arbeitet er als freischaffender Cartoonist und Illustrator, ist Karikaturist bei verschiedenen Tageszeitungen (u. a. Frankfurter Rundschau, Neue Ruhr Zeitung, Berliner Zeitung, Westfälische Rundschau) und etlichen Kirchenzeitungen, Zeitschriften und Fachpublikationen, wie auch beteiligt an vielen Buchprojekten und Ausstellungen.

Thomas Plaßmann erhielt zahlreiche Auszeichnungen, darunter die »Spitze Feder« des Bundesverbandes der Deutschen Zeitungsverleger sowie mehrmals (zuletzt 2014) den Deutschen Preis für Politische Karikatur »Der Künstlerische Strich«. 2016 wurde er mit dem 1. Karikaturpreis »Rückblende« der deutschen Zeitungen geehrt.

Inhalt

Ein Wort zuvor

Thomas Plaßmanns Karikaturen haben durch ihre Gesellschaftskritik in Feder und Farbe inzwischen Kultcharakter – in der tagespolitischen Presse, wie auch in zahlreichen Zeitschriften und Fachpublikationen, Ausstellungen und Buchprojekten.

Umso mehr freut es uns in diesem Buch nach dem Erfolg des ersten Cartoonbandes »Das glaub ich jetzt nicht!« eine weitere Sammlung neuer »Cartoons von oben« zu veröffentlichen. Diesmal nimmt Thomas Plaßmann die aktuelle Situation der Kirche in den Blick. Die Cartoons zeigen Wirklichkeiten in Glauben, Christsein und Kirche, die mit dem Blick des scharfsinnigen Karikaturisten plötzlich neue, überraschende Konturen gewinnen.

Dabei kommt jeder auf seine Kosten: Kirchenkritiker werden herzhaft lachen, wenn dem »hohlen« Christsein der Kirche (auch in ihren Schaltstellen) eine Clownsnase verpasst wird. Und die tapferen Christen im Hause Gottes erkennen sich im messerscharfen, aber nie unbarmherzigen Blick des Cartoonisten wieder.

Thomas Plaßmanns Karikaturen bestechen vor allem durch seinen weitherzigen und zugleich gnadenlos ehrlichen Blick. Seine Stärke liegt darin, die karikierten Personen nicht zu verurteilen, sondern »reale« Situationen mit einer Portion deftigen Humors einfach zu spiegeln. So gelingt es ihm, den Blick für Missstände zu schärfen und zugleich Mitstreiter seines Anliegens zu werben: sich nicht einfach mit allem abzufinden!

»Tschulligung… welcher Ihrer Heiligen ist denn hier für angstmachende politische Entwicklungen zuständig??«

»Artensterben« *oder* ist die Kirche noch zu retten?

BEWEGTE ZEITEN

ICH HABE WIRKLICH KEINE AHNUNG, WER DAS DA HINGEHÄNGT HAT!
ARTENSTERBEN

INSTITUTION IM WANDEL

11

GEMEINDEGÄRTEN

14

16

MITARBEITERGESPRÄCH

NACHDENKLICH STIMMENDE SZENE

»Keine Panik!... Die Anderen erreiche ich über Facebook, Youtube, Instagram!«

Früher war alles besser...
oder auf zu neuen Ufern

26

GROSSPFARRE · BEGEGNUNGEN

UND SIE BEWEGT SICH DOCH

ZU DEN SAKRAMENTEN

WIEDERVERHEIRATETE – BEWEGUNG AN DER PFORTE

ST. AGNES... DIGITALISIERUNG SCHREITET VORAN

UMSTRUKTURIERUNGSHUMOR

BLICK NACH VORN

33

37

GEMEINDEREFORM

ST. AGNES ... IN DIE OFFENSIVE

TAG DES HERRN 4.0

»Herr Martin, He-err Martin,
He-err Martin ritt durch Schnee...«

Alles Tradition
oder was feiern wir da eigentlich?

17 UHR AB PLANMANN-SCHULE... SÄKULARISIERUNG SCHREITET VORAN

SCHWINDENDE TRADITIONEN

HERR PFARRER! ... KÖNNEN SIE NICHT EINMAL EIN BISSCHEN ENTSPANNTER ...
T-PLAßM

Fastenzeiten

Fastenzeiten

AM START

54

KOMM, SCHÖPFER GEIST

PFINGSTGEDANKEN

KOMM, SCHÖPFER GEIST

GESCHMACKS-
VERST...

EI-
TER-
SATZ

E 477

FÜLLSTOFFE

STABILI-
SATOREN

KÜNSTL
AROMA
STOFFE

E 405

KÄSE
ERSATZ
MASSE

E 494

FARB
STOFFE

ST. AGNES , ERNTEDANK

65

BEISPIEL MIT ZUGKRAFT

»…Begrüße ich Sie,
die Sie sich trotz allem
hier versammelt haben«

Zum Haareraufen *oder*
was passiert denn hier gerade?

NEULICH IN ST. AGNES

PASTOR PLÖGERS 5 MINUTEN

BEGRÜßUNG

ERWACHSENENKATECHESE ... NEULICH IN ST. AGNES

UND MIT DEM SCHLUßLIED SORGT DER HERR KANTOR JETZT MAL FÜR EINEN VORGESCHMACK AUF DIE ALLES ÜBERSTRAHLENDE GÖTTLICHE SCHÖNHEIT IN DER DEREINSTIGEN LITURGIE DES HIMMLISCHEN JERUSALEMS!

ST.AGNES... NEUE TAGE DER KIRCHENMUSIK

ST. AGNES ... LITURGIE KOMMT IN BEWEGUNG

KANTOREN IN THE MOOD

ERSTKOMMUNION

ST. AGNES - WEIßER SONNTAG

82

84

KEINE GEWALT IN GOTTES NAMEN

GESEGNETE VERBINDUNG

»Ich bin so im Stress, Kollege!
Erledigen Sie das doch mal für mich!...
Sie sind doch Christ!«

Leichter wird's nicht
oder Christ sein heute

ERMUTIGENDES UMFELD

93

94

GLÄUBIGE

PASSIONSZEITEN

99

GANZ HIRTE

DEM HIMMEL SO NAH

105

Ein CAMINO-Buch aus der
© Verlag Katholisches Bibelwerk GmbH, Stuttgart 2017
Alle Rechte vorbehalten
© an den Zeichnungen: Thomas Plaßmann

Gesamtgestaltung: wunderlichundweigand
unter Verwendung von Karikaturen von Thomas Plaßmann
Herstellung: Finidr s.r.o., Český Těšín
Printed in the Czech Republic

ISBN 978-3-96157-018-8